AF313756

Vente du Samedi 23 Mars 1872.

TABLEAUX

ANCIENS

EXPOSITION PUBLIQUE : le Vendredi 22 Mars 1872.

DE UNE HEURE A CINQ HEURES

COMMISSAIRE-PRISEUR	EXPERT
M° CHARLES PILLET,	M. FÉRAL, Peintre,
10, rue de la Grange-Batelière.	rue de Buffault, 23.

PARIS — 1872

CATALOGUE

DE

TABLEAUX ANCIENS

PRINCIPALEMENT DE L'ÉCOLE

FRANÇAISE

ET DES ÉCOLES

HOLLANDAISE, FLAMANDE ET ITALIENNE

Parmi lesquels on remarque notamment

DEUX CHARMANTES COMPOSITIONS DE

F. BOUCHER

UNE ŒUVRE IMPORTANTE DE BAPTISTE MONNOYER

TROIS BEAUX TABLEAUX DE DEMARNE, ETC.

DONT LA VENTE AUX ENCHÈRES PUBLIQUES AURA LIEU

HOTEL DROUOT, Salle N° 8

Le Samedi 23 Mars 1872.

A DEUX HEURES PRÉCISES

Par le ministère de Me CHARLES PILLET, Commissaire-Priseur,

10, rue de la Grange-Batelière,

Assisté de **M. FÉRAL**, peintre-expert, 23, rue Buffault,

Chez lesquels se trouve le Catalogue.

Exposition publique : Le Vendredi 22 Mars 1872.

DE UNE HEURE A CINQ HEURES

CONDITIONS DE LA VENTE.

————

Elle sera faite au comptant.

Les adjudicataires payeront *cinq pour cent* en sus des enchères.

L'exposition mettant le public à même de se rendre compte de l'état des objets, il ne sera admis aucune réclamation une fois l'adjudication prononcée.

Paris. — Typ. PILLET fils aîné, 5, rue des Grands-Augustins.

DÉSIGNATION

AELST (WILLEM VAN DER)

1 — Nature morte.

Un plateau d'argent sur lequel sont des oranges; un pain et un couteau, sont posés sur une table devant un vase de la Chine.
Signé W. Aelst.

Bois. Haut., 58 cent.; larg., 43 cent.

BACKHUYSEN

2 — Marine.

Le ciel, couvert de gros nuages, fait présager un grain ; au centre, un bateau de pêcheurs, les marins occupés à serrer les voiles ; à gauche, un trois-mâts ; à droite, plusieurs bateaux à différents plans se perdant à l'horizon.

Toile. Haut., 45 cent.; larg., 60 cent.

BAPTISTE MONNOYER

3 — Guirlande de fleurs.

Au centre, la sainte Famille, peinte en grisaille, entourée d'une superbe guirlande où l'artiste a réuni toutes les fleurs que son pinceau facile a pu rencontrer ; ce sont des roses de différentes espèces, des anémones, des œuillets panachés, des lis, des marguerites, des giroflées, du jasmin, des fleurs de grenadiers, des volubilis, des fleurs d'orangers, des crètes de coq, des oreilles d'ours, etc., etc. Nous n'hésitons pas à signaler ce tableau comme une des œuvres des plus importantes et des plus belles du maître.

Toile. Haut., 148 cent.; larg., 111 cent.

BILCOQ (L.)

4 — Portrait d'homme.

Signé L. Bilcoq. 1777.

Toile ovale. Haut., 60 cent.; larg., 50 cent.

BOILLY (LOUIS)

5 — Après le souper.

On croit reconnaître l'artiste, endormi devant sa table après son souper ; à sa droite, deux jeunes filles, profitant de son sommeil, lisent avec intérêt une lettre ; une lampe accrochée au plafond éclaire vivement cette scène.

Toile. Haut., 64 cent.; larg., 52 cent.

BOUCHER (FRANÇOIS)

6 — L'oiseau chéri.

Dans un charmant paysage, une jeune fillette, coquettement habillée, est assise auprès d'un jeune homme, elle a sur ses genoux une cage dont elle a retiré l'oiseau qu'elle tient imprudemment sur son doigt.

Toile. Haut., 64 cent.; larg., 94 cent.

(PENDANT DU PRÉCÉDENT)

7 — La Leçon.

Dans un délicieux paysage, un berger, assis auprès d'une jeune fille, lui apprend à jouer de la flûte.

Toile. Haut., 64 cent.; larg., 94 cent.

BOUCHER (d'après FRANÇOIS)

8 — Le Panier mystérieux.

Un jeune villageois pose doucement, auprès d'une bergère qui est endormie, un panier de fleurs dans lequel il a caché un billet doux.

Très-belle copie du temps, gravée par Gaillard sous le titre indiqué.

Toile. Haut., 127 cent.; larg., 100 cent.

BOUCHER (d'après FRANÇOIS)

(PENDANT DU PRÉCÉDENT)

9 — Les Raisins.

Une jeune bergère tient une grappe de raisins et en
offre à un jeune homme qui est assis près d'elle.
Gravé par Gaillard sous le titre indiqué.

Toile. Haut., 127 cent.; larg., 100 cent.

CARLO DOLCI

10 — Sainte Catherine.

Elle est agenouillée devant une table sur laquelle est
un christ, elle regarde le ciel qui s'ouvre laissant pas-
ser un rayon de lumière.

Bois. Haut., 28 cent.; larg., 21 cent.

CASANOVA (FRANÇOIS)

11 — La Halte au camp.

Un officier sur un cheval blanc se fait servir à boire
par une jeune fille; un soldat, appuyé sur un tonneau,
contemple cette scène.
Signé F. Casanova.

Bois. Haut., 63 cent.; larg., 53 cent.

CASANOVA (FRANÇOIS)

12 — Paysage montagneux.

Des animaux paissent devant une chaumière; au fond, une ville dominant un fleuve.

Toile. Haut., 32 cent.; larg., 41 cent.

CHARDIN (SIMÉON)

13 — Portrait de femme.

Elle est tournée un peu vers la droite, vue jusqu'à la ceinture, coiffée d'un bonnet blanc tuyauté attaché sous le menton, elle porte un tablier à bavette et a les deux mains posées sur une table.
Vigoureuse peinture du maître.

Toile. Haut., cent.; 60 larg., 48 cent.

CHARDIN (Attribué à SIMÉON)

14 — Portrait d'un jeune garçon.

Vu jusqu'à la ceinture, il porte un habit gris, cravate blanche, avec jabot de dentelle, les cheveux poudrés, un tricorne sur la tête.

Toile. Haut., 44 cent.; larg., 36 cent.

CLAUDE LORRAIN

15 — Paysage : effet du matin.

> Sur le devant, un berger, assis sur un tronc d'arbre, fait danser une paysanne au son du chalumeau ; au second plan, des bœufs.
> Signé Clodio Gelée.

Toile. Haut., 48 cent.; larg., 60 cent.

COYPEL

16 — Vénus et des amours.

> La déesse, assise dans des nuages, tient ces deux colombes ; elle est entourée de cinq Amours qui essayent leurs flèches.

Toile. Haut., 135 cent.; larg., 105 cent.

DEFRESNE (ÉMILE)

17 — Invalides jouant aux boules.

Toile. Haut., 40 cent.; larg., 72 cent.

DEMARNE (JEAN-LOUIS)

18 — Une foire de village.

> Sur le devant, une femme, vendant des fruits, tient

par la bride un âne qui rue ; un peu sur la droite,
trois vaches ; des marchands groupés semblent con-
clure un marché ; au second plan, un terrain élevé
sur lequel sont des paysans avec leurs bestiaux ; à
gauche, des chevaux de bois ; au centre, au troisième plan, une allée d'arbres avec multitude de
personnages.

Tableau capital de l'artiste dans lequel on peut comp-
ter 150 figures.

Toile. Haut., 55 cent.; larg., 80 cent.

DEMARNE (JEAN-LOUIS)

19 — Paysage coupé par un cours d'eau.

A droite, des vaches et des moutons paissent dans
une prairie, une bergère assise tient une quenouille et
regarde en souriant son mari qui joue avec son enfant ;
au second plan, des grands arbres ; au centre, un
cours d'eau coulant en cascades entre des rochers ;
dans le fond, des montagnes.

Beau tableau de l'artiste.

Toile. Haut., 65 cent.; larg., 95 cent.

DEMARNE (JEAN-LOUIS)

20 — Paysage.

Sur le devant, des bergers, suivis de leur troupeau,

traversent une mare; au second plan, un rocher surmonté d'un vieux château en ruine; à gauche, une rivière.

Bois. Haut., 47 cent.; larg., 69 cent.

DE TROY (JEAN-FRANÇOIS)

21 — Évanouissement d'Esther.

Esquisse.

Toile. Haut., 41 cent.; larg., 29 cent.

DE TROY (JEAN-FRANÇOIS)

22 — La Femme adultère.

Elle est vêtue de satin blanc, debout devant le Christ et entourée des docteurs.
Signé : de Troy, fils.

Toile. Haut., 60 cent.; larg., 75 cent.

DIAZ (d'après)

23 — La Vierge, l'enfant Jésus et sainte Élisabeth dans un paysage.

Bois. Haut., 15 cent.; larg., 20 cent.

DIETRICK

24 — Animaux dans un paysage.

Un berger et sa femme, montée sur un mulet, ont conduit trois vaches et un troupeau de moutons dans un cours d'eau qui coule entre des rochers.

Joli tableau de l'artiste, signé : Dietrick, F. an° 1776.

Gravé.

Toile. Haut., 35 cent.; larg., 49 cent.

DUPLESSIS

25 — Portrait de jeune femme.

Vue jusqu'à la ceinture, la figure presque de face, les cheveux poudrés, un collier de perles autour du cou, elle porte une robe blanche légèrement décolletée.

Toile ovale. Haut., 65 cent.; larg., 54 cent.

EISEN (FRANÇOIS)

26 — L'École des jeunes garçons.

Dans une salle voûtée avec fenêtre cintrée, à gauche, le maître, assis dans le fond, fait réciter la leçon à un des enfants ; les autres écoliers sont assis autour de la salle.

Joli tableau ; l'artiste s'est inspiré de l'école d'Ostade qui est au musée du Louvre, signé : F. Eisen, 1760. — Vente de la duchesse de Raguse.

Bois. Haut., 45 cent.; larg., 26 cent.

EISEN (FRANÇOIS)

(PENDANT DU PRÉCÉDENT)

27 — L'École des filles.

La sœur qui fait la classe est assise à droite, elle tient d'une main quelques gaules et montre, à une petite fille qui est à genoux devant elle, un autel avec une image de la Vierge accrochés au mur; les autres fillettes étudient leurs leçons, assises autour de la salle.

Bois. Haut., 45 cent.; larg., 36 cent.

EISEN (CHARLES)

28 — L'Automne.

Des amours se reposent à l'ombre d'un grand arbre, l'un tient une coupe, un autre des fruits, un troisième du gibier, etc.

Gracieux et fin tableau du maître.

Toile. Haut., 72 cent.; larg., 57 cent.

GAINSBOROUGH (genre de)

29 — Portrait de jeune femme.

Vue jusqu'à la ceinture, la figure tournée vers la gauche, les cheveux blonds, collerette et chaîne autour du cou, robe rougeâtre.

Toile. Haut., 75 cent.; larg , 61 cent.

GREUZE

30 — Portrait d'une cantatrice.

Elle est assise dans un paysage, vue à mi-corps,
vêtue d'une robe bleue avec fichu en mousseline sur
les épaules, la main sous le menton ; ses cheveux
blonds et abondants sont serrés par un ruban bleu et
elle tient une partition.

Toile. Haut., 60 cent.; larg., 48 cent.

GREUZE (J.-B.)

31 — Jeune garçon.

Vu en buste, les cheveux blonds, il regarde vers la
droite.
Étude pour le tableau du Fils maudit.

Toile. Haut., 39 cent.; larg., 30 cent.

GREUZE (J.-B. attribué à)

32 — Le Père dénaturé.

Il rentre dans sa famille en état d'ivresse, sa femme
et ses enfants lui tendent les bras, lui demandant du
pain.
Ce tableau, que nous soumettons au jugement des
amateurs, est peint dans certaines parties avec la fer-
meté et le talent qui caractérisent le pinceau du maître
à qui nous l'attribuons.

Toile. Haut., 73 cent.; larg., 91 cent.

GREUZE (J.-B. d'après)

33 — La Première perte.

Une petite fille blonde, portant un vêtement blanc négligé, regarde avec attendrissement son oiseau mort auprès de sa cage.

Toile. Haut., 64 cent.; larg., 53 cent.

GUARDI (FRANCESCO)

34 — Paysage marine.

A gauche, des constructions avec pyramide ; à droite, la mer avec quelques bateaux à voile ; dans le fond, une forteresse.

Toile. Haut., 24 cent.; larg., 32 cent.

GUERCHIN (BARBIERI dit le)

35 — Lucrèce.

Vue jusqu'aux genoux, couverte d'un manteau, elle tient un poignard prête à se frapper ; un voile de gaze est posé sur sa tête.

Signé : Francesco Barbière.

Toile. Haut., 115 cent.; larg., 92 cent.

HEMSKERK

(DEUX PENDANTS)

36 — Joueurs dans un cabaret,

Dans l'un, des hommes jouent aux cartes; dans le second, des hommes jouent au trictrac.

Bois. Haut., 16 cent.; larg., 22 cent.

HEINSIUS

37 — Portrait de jeune femme.

Vue jusqu'à la ceinture, la figure de trois quarts, tournée à droite, les cheveux blonds tombant en boucles sur le cou, elle porte une robe bleue décolletée et un fichu en mousseline sur les épaules ; les mains appuyées sur le dossier d'une chaise.

Toile ovale. Haut., 58 cent.; larg., 56 cent.

HORTHCOT

38 — Portrait de jeune femme.

Vue jusqu'à la ceinture, coiffée d'un bonnet de dentelle noué sous le menton et orné d'un nœud de ruban rose; les épaules couvertes par une mantille noire, les mains cachées dans un manchon.

Toile ovale. Haut., 73 cent. ; larg., 60 cent.

HUBERT-ROBERT

39 — Le Jardin.

Sur le devant, une pelouse et trois personnages; à gauche, une butte de terre verdoyante et boisée, un homme et deux jeunes femmes entrant dans un chemin creux. Au second plan, une fontaine ombragée où une femme lave du linge.

Toile. Haut., 56 cent.; larg., 67 cent.

KALF (GUILLAUME)

40 — Objets en argent.

Une salière en argent avec riches ornements et figures en relief, sur laquelle est posé un citron; à droite, une montre, un vase renversé auquel est attaché un ruban bleu, un plat repoussé avec ornements dorés. une écuelle et une gaîne contenant des couteaux à manche d'ivoire, etc.; le tout dans une armoire dont la porte est ouverte.

Toile. Haut., 62 cent.; larg., 46 cent.

KERTFURT

41 — Le Maréchal ferrant.

Plusieurs cavaliers sont arrêtés à sa porte; l'un deux a quitté sa monture et cherche à maîtriser son cheval qui se cabre.
Beau tableau de l'artiste.

Bois. Haut., 28 cent.; larg., 35 cent.

KERTFURT

42 — La Chasse aux faucons.

> Un seigneur se dispose à monter sur un cheval blanc
> qu'un serviteur tient par la bride ; pendant ce temps,
> un valet sonne de la trompe, un autre tient un faucon
> sur le poing.

Bois. Haut., 28 cent.; larg., 35 cent.

LACROIX

43 — Port de mer. Effet de soleil couchant.

> Des pêcheurs ramènent leurs filets ; à droite, un
> vaisseau à l'ancre ; à gauche, un phare et des bâti-
> ments.
> Jolie marine rappelant Joseph Vernet.

Toile. Haut., 53 cent.; larg., 81 cent.

LAURENT DE LA HYRE (École de)

44 — Hercule, Minerve et un amour.

Toile. Haut., 115 cent.; larg., 82 cent.

LE CLER

45 — La Fortune.

Elle est assise sur un nuage à l'entrée d'un temple devant lequel s'agitent une multitude de gens de toute sorte ; elle distribue au hasard ses faveurs : un chapeau de cardinal, une mître d'évêque, de l'or, de l'argent, etc., etc. ; quelques heureux, qui ont pu gravir les degrés du temple, cherchent à s'en saisir.

Toile. Haut., 51 cent.; larg., 57 cent.

LE CLER

(PENDANT DU PRÉCÉDENT)

46 — Salle d'un tribunal.

Le président est au centre, les juges assis autour de la salle ; sur le devant, des hommes et des femmes groupés. A droite, un juge cherche à sortir des griffes d'une femme qui paraît exaspérée ; à gauche, une femme pleure pendant qu'un enfant prend la bourse du magistrat.

Toile. Haut., 00 cent.; larg., 00 cent.

LE MOINE

47 — Pan poursuivant Syrinx.

La nymphe, fuyant, se jette dans les bras du fleuve Ladon.

Toile ovale. Haut., 18 cent.; larg., 56 cent.

LE PRINCE (J.-B.)

48 — Le Marchand de poissons.

Deux jeunes filles, donnant le bras à un jeune homme, achètent du poisson à un vieux pêcheur.

Toile ovale. Haut., 64 cent.; larg., 49 cent.

LE PRINCE (J.-B.)

(PENDANT DU PRÉCÉDENT)

49 — Chasse au cerf.

Deux jeunes femmes, montées sur des chevaux blancs, et un cavalier donnant du cor, poursuivent un cerf qui fuit vers la gauche.

Toile ovale. Haut., 64 cent.; larg., 49 cent.

LINGELBACH

50 — La Chasse aux faucons.

Deux cavaliers, l'un assis a quitté sa monture ; à gauche, un valet portant des faucons; l'un des cavaliers fait jouer un fouet, cherchant à attirer les oiseaux vers lui.

Fin tableau de l'artiste, digne du pinceau de Wouwermans.

Vente Somersfeld.

Bois. Haut., 23 cent.; larg., 17 cent.

MAES (NICOLAS)

51 — Portrait de femme.

> Assise dans un paysage, elle est vêtue d'une robe de
> satin blanc recouverte d'un manteau rouge.

> Toile. Haut., 58 cent.; larg., 47 cent.

MARIO DI FIORI

52 — Guirlande de fleurs.

> Au centre, l'enfant Jésus debout sur un nuage.

> Cuivre. Haut., 21 cent.; larg., 16 cent.

MIGNARD

53 — La sainte Famille.

> La Vierge, assise au premier plan sur une terrasse,
> tient dans ses bras l'enfant Jésus à qui le petit saint
> Jean offre une banderole; à droite, saint Joseph,
> accoudé sur un mur de pierre.

> Toile. Haut., 28 cent.; larg., 24 cent.

MONOGRAMME ⊕ MX.

54 — Une sainte.

Une sainte, les yeux levés vers le ciel, les épaules découvertes, la main gauche posée sur la poitrine ; elle porte un vêtement bleu entouré d'une draperie jaune.

Toile. Haut., 117 cent.; larg., 70 cent.

NEEFFS (PETERS)

55 — Intérieur d'église.

La nef dans l'ombre éclairée vers le fond par des lumières vagues ; à droite, deux enfants tenant chacun une torche qui jettent une vive clarté, précèdent un religieux vêtu de noir qui les |suit les mains jointes : au centre, un cavalier et un enfant, une dame et une petite fille faisant l'aumône à une pauvre femme.

Signé P. Neeffs, anno 1645. Tableau important de l'artiste.

Bois. Haut., 63 cent.; larg., 85 cent.

OUDRY (attribué à J.-B.)

56 — Gibier mort et fruits.

Un lièvre et une perdrix grise suspendus à une branche d'arbre, un faisan et deux cailles jetés à terre auprès d'un plat en porcelaine rempli de fraises de bois.

Toile. Haut., 77 cent.; larg., 98 cent

OUDRY (d'après J.-B.)

57 — Gibier et Fruits posés sur une console de
pierre.

Toile. Haut., 115 cent.; larg., 98 cent.

PAUL BRIL ET FRANCK

58 — Paysage baigné par un fleuve.

A droite, Diane et ses nymphes se reposent au pied
d'un arbre.

Cuivre. Haut., 32 cent.; larg., 41 cent.

PILLEMENT

59 — Paysage.

Au centre, un cours d'eau passant entre des rochers;
à gauche, deux hommes et une femme sur un mulet;
au second plan, à droite, quelques maisons sur un terrain élevé.

Cuivre. Haut., 24 cent.; larg., 32 cent.

POELENBURG (CORNEILLE)

60 — Paysage avec ruines et personnages.

Sur le devant, des baigneurs, une femme debout et

assise ayant un enfant sur ses genoux; au second et troisième plan, nombreuses figures; dans le fond, le baptême de Jésus-Christ, avec le Saint-Esprit planant au-dessus.

Beau tableau de l'artiste. Signé C. P.

Bois. Haut., 42 cent.; larg., 70 cent.

POELENBURG

61 — Paysage avec baigneuses.

A droite, des constructions en ruine au pied desquelles est un cours d'eau où se baignent plusieurs jeunes personnes.

Bois. Haut., 29 cent.; larg., 37 cent.

PORRIEN

(PENDANT DU N° 28)

62 — Le Printemps.

Quatre jeunes filles et trois jeunes gens cueillent des fleurs ou tressent des couronnes au pied d'une statue; à droite, une cascade sort d'un rocher surmonté d'arbres.

Toile. Haut., 72 cent.; larg., 60 cent.

RAOUX

63 — Jeune femme.

En buste, la tête légèrement renversée et appuyée
sur un coussin en velours vert, les cheveux blonds
ornés de fleurs, robe rougeâtre décolletée.

Toile. Haut., 44 cent.; larg., 34 cent.

REYNOLDS? (SIR JOSUÉ)

64 — Portrait de femme.

Vue jusqu'à la ceinture, elle est vêtue d'une robe
blanche ; cheveux noirs abondants.

Toile. Haut., 00 cent.; larg., 00 cent.

ROMYN (WILLEM VAN)

65 — Animaux au repos.

Des moutons et des chèvres se reposent près d'une
fontaine ; à gauche, un berger.
Signé W. Romyn.

Bois. Haut., 35 cent.; larg., 32 cent.

RYK (J.-D.)

66 — Animaux dans un paysage.

Une bergère assise au milieu de ses moutons au repos;
à gauche, la lisière d'un bois et des cabanes.
Signe S. D. Ryk.

Toile. Haut.. 37 cent.; larg.. 45 cent.

SALVATOR ROSA (genre de)

67 — Passage avec rochers formant une arcade.

Sur le devant, deux personnages; au second plan,
un cours d'eau avec bateau.

Toile. Haut.. 70 cent.; larg., 97 cent.

SCHALL

68 — Jeune femme, debout dans un jardin, pinçant de la guitare.

Toile. Haut., 31 cent.; larg., 23 cent.

SCHENEAU

69 — La lecture de la *Gazette*.

Dans un intérieur, une jeune femme dans un élégant
costume du temps de Louis XVI est assise, tenant un jour-

nal à la main; à sa droite, un petit guéridon sur lequel sont posés une chocolatière, une carafe, deux tasses, un sucrier, etc.

Toile. Haut., 57 cent.; larg., 44 cent.

SNEYDERS (FRANÇOIS) ET VAN BALEN (HENRI)

70 — Diane à la chasse.

Elle sommeille, entourée de ses nymphes, surprises par des satyres; à droite, quantité de gibier abattu, sangliers, chevreuils, lièvres, cerfs, paons, faisans, etc.; dans le fond, un amour.

Bois. Haut., 68 cent.; larg., 117 cent.

SWEBACH DES FONTAINES

71 — Courses de chevaux.

Les chevaux, lancés et excités par les jockeys, courent vers la gauche, laissant derrière eux un nuage de poussière; au second plan, une multitude de spectateurs et des cavaliers suivent des yeux les différentes péripéties de la course.

Signé S. W. 1804.

Bois. Haut., 32 cent.; larg., 48 cent.

SWEBACH DES FONTAINES

72 — Le Départ pour la chasse.

Des jeunes femmes et des cavaliers montent sur leurs

chevaux et se préparent à partir; à gauche, un groupe de chasseurs se reposent à l'ombre d'une toile attachée aux troncs de quelques arbres; à droite, un valet, assis au pied d'un arbre, maintient les chiens autour de lui.

Signé Swebach. 1804.

Bois. Haut., 32 cent.; larg.. 48 cent.

SWEBACH DES FONTAINES

73 — Bataille.

Des cavaliers attaquent vivement une redoute fortifiée.

Aquarelle signée Sw. des Font. 1788.

Haut., 37 cent.; larg., 64 cent.

TAISLEU BERGEN

74 — Paysage.

A gauche, des constructions sur le penchant d'une colline; sur le devant, des bergers gardent un troupeau de chèvres et de moutons.

Signé.

Toile. Haut.. 25 cent.; larg., 35 cent.

TRINQUESSE

75 — Jeune femme dans un intérieur.

Elle est assise sur un canapé du temps de Louis XVI,

recouvert en soie jaune; elle est vêtue d'une robe en soie bleue et tient une lettre; à gauche, une petite table en bois de rose sur laquelle se trouvent quelques brochures.

Beau tableau de l'artiste.

Toile. Haut.. 80 cent.; larg., 60 cent.

VALLIN

76 — Une Bacchante.

Elle est vue à mi-corps, les épaules nues, une peau de tigre attachée à sa ceinture.

Toile. Haut.. 73 cent.; larg., 58 cent.

VAN HELLEMONT

77 — Tentation de saint Antoine.

Dans une grotte formée par des rochers, il est à genoux, en prière, ayant devant lui un livre ouvert et un christ, le saint tourne la tête et regarde une jeune femme qui est debout tenant un verre; une multitude de diables sont derrière lui sous différentes formes, un homme, est monté sur un monstre marin, etc., etc.

Beau tableau de l'artiste digne du pinceau de Téniers.

Toile. Haut., 60 cent.; larg., 90 cent.

VAN LOO (CARLE)

78 — Portrait de jeune femme.

Vue jusqu'à la ceinture, la figure presque de face, légèrement tournée à gauche, les cheveux blonds poudrés et ornés de fleurs, un collier de perles autour du cou, elle porte une robe blanche décolletée; une draperie bleue est jetée sur son épaule gauche.

Signé Van Loo. 1759.

Toile ovale. Haut., 62 cent.; larg., 50 cent.

VAN LOO (CARLE)

79 — Hébé.

Elle est assise sur un nuage, des fleurs dans les cheveux, elle tient un vase et offre à un Amour une coupe contenant le nectar.

Très-beau dessus de porte; signé Carle Van Loo.

Toile. Haut., 105 cent.; larg., 138 cent.

VAN LOO (CARLE)

(PENDANT DU PRÉCÉDENT)

80 — Diane.

Elle est assise sur un nuage, profitant du sommeil de l'Amour; elle lui prend son arc.

Signé Carle Van Loo.

Toile. Haut., 105 cent.; larg., 139 cent.

VAN LOO (CARLE)

81 — Portrait du roi Louis XV.

Vu en buste, il porte une cuirasse et le grand cordon du Saint-Esprit.

Toile. Haut., 22 cent.; larg., 19 cent.

VAN KESSEL

82 — Singes dans une cuisine.

Sur le devant, deux singes fument; à droite, plusieurs, assis autour d'une table, boivent et se disposent à entamer un pâté; à gauche, d'autres, assis en cercle, mangent des huîtres; dans le fond, un cuisinier fait rôtir des volailles.

Cuivre. Haut., 26 cent.; larg., 34 cent.

VITELLI (GASPARD VAN)

83 — Vue de Venise.

Un canal avec maisons des deux côtés; au premier plan, un bateau marchand et un batelier dans un canot conduisant quatre jeunes femmes; au second plan, trois gondoles.

Toile. Haut., 36 cent.; larg., 52 cent.

ZORG

84 — Intérieur de ferme.

Sur le devant, des poules, un coq et différents ustensiles de cuisine; au second plan, une vache, deux
chèvres, un homme et une femme.

Bois. Haut., 46 cent.; larg., 71 cent.

ZORG

85 — Ustensiles de cuisine.

Bois. Haut., 14 cent.; larg., 18 cent.

ÉCOLE ALLEMANDE, XVIe SIÈCLE

86 — Portrait d'homme.

Debout, coiffé d'une toque, la figure de trois quarts,
avec barbe et moustache, il porte un vêtement rouge
et est enveloppé dans un manteau noir, tenant d'une
main une boule en fer ciselé et de l'autre la poignée de
son épée.
On lit dans le fond : anno 1640.

Bois, forme ronde. Diamètre, 22 cent.

ÉCOLE FRANÇAISE

87 — Portrait de femme.

Vue jusqu'à la ceinture, vêtue d'une robe rose; elle
tient un oiseau sur son doigt.

Toile ovale. Haut., 26 cent.; larg., 21 cent.

ÉCOLE FRANÇAISE

88 — La chaste Susanne.

Elle est assise près d'une fontaine ombragée par un grand arbre, elle regarde, effrayée, les vieillards qui se penchent vers elle.

Toile. Haut., 121 cent.; larg., 92 cent.

ÉCOLE FRANÇAISE

89 — L'Arrestation de Louis XVI.

Le roi fait ses adieux à Marie-Antoinette, à ses enfants et aux gens qui l'entourent.

Bois. Haut., 31 cent.; larg., 42 cent.

ÉCOLE FRANÇAISE

90 — Loth et ses filles.

Toile. Haut., 71 cent.; larg., 95 cent.

ÉCOLE ITALIENNE

91 — La Vierge, l'enfant Jésus, saint Joseph et sainte Catherine.

Bois. Haut., 18 cent.; larg., 14 cent.

SUPPLÉMENT

BLOT (Pierre de)

92 — Une rivière en Hollande.

> Plusieurs personnes la traversent dans des bacs.
> Tableau important du maître signé et daté.

Bois. Haut., 55 cent.; larg., 81 cent.

BONNINGTON

93 — La fille du corsaire.

(Byron)

Toile. Haut., 32 cent.; larg., 40 cent.

DUBBELS (JEAN)

94 — Marine.

Mer houleuse; des pêcheurs, dans leur barque, ont jeté leurs filets; à gauche, un trois mats; dans le fond, un port.

Bois. Haut., 20 cent.; larg., 28 cent.

MIREVELD (MICHEL)

95 — Portrait de femme.

De grandeur naturelle, vue en buste.
Belle manière du peintre.

Bois. Haut., 72 cent.; larg., 37 cent.

PYNACKER

96 — Paysage avec rochers et cascades.

Vue prise en Italie.
Tableau d'une grande finesse.
Signé Pynacker.

Bois. Haut., 42 cent.; larg., 34 cent.

VALLIN

97 — Vénus endormie.

La déesse, mollement étendue dans un charmant paysage, sommeille ayant près d'elle un amour; un peu plus loin, un autre amour joue avec un chien; on distingue, dans le fond, Adonis revenant de la chasse.
Beau tableau de l'artiste.

Signé Vallin.

Toile. Haut., 58 cent.; larg., 72 cent.

VAN LOO

98 — La partie de cartes.

Toile. Haut., 64 cent.; larg., 76 cent.

ZURBARAN

99 — Tête de jeune garçon.

En buste, la figure de profil.

Bois. Haut., 37 cent.; larg., 29 cent.

100 Quatre panneaux, vernis Martin.

Les Saisons représentées par des amours posés sur
des nuages, ayant chacun leurs attributs.

ÉCOLE FRANÇAISE

101 — Pastel. Portrait de femme.

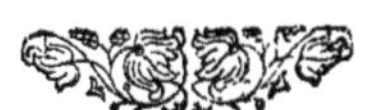